# LE CARNET D'UN FRANC-TIREUR

# LE CARNET

## D'UN

# FRANC-TIREUR

( NOVEMBRE 1870 — MARS 1871 )

AGEN

IMPRIMERIE DE P. NOUBEL — Vᵉ LAMY, SUCCESSEUR

1884

# LE CARNET D'UN FRANC-TIREUR.

## ( NOVEMBRE 1870 — MARS 1871. )

Bivouacs et campements.— Le service d'éclaireur. — Nos espions. — Les escarmouches. — Sentinelles perdues.

Après le désastre de Sédan, Cathelineau demanda l'autorisation de créer un corps de volontaires. Il fit un apppel aux hommes de bonne volonté, par toute la France et principalement dans l'Ouest et le Sud-Ouest. Six Agenais s'enrôlèrent dans ses compagnies. Le 3ᵉ bataillon de mobiles de la Dordogne fut placé sous ses ordres, ainsi qu'un escadron du 10ᵉ chasseur à cheval. Parmi les volontaires, se trouvaient un certain nombre de cavaliers, équipés à leurs frais, admirablement montés, résolus, et de toute façon propres à faire d'excellents éclaireurs. L'effectif de cette troupe, qui dès le début, avait dépassé 1,500, s'accrut sans cesse : il était devenu considérable à la fin de la guerre, Cathelineau ayant été élevé au grade de général, avec mission d'assurer la défense de l'Ouest.

Ainsi, de tous les corps-francs improvisés en 1870-71, aucun n'a eu l'importance de celui des francs-tireurs vendéens, soit pour le nombre, soit pour l'organisation.

Le chef qui l'a commandé en a lui-même écrit l'histoire.[1] Les récits de ces rudes campagnes, au fort de l'hiver, toujours aux avant-postes des armées de la Loire et du Mans, sont complétés par la publication d'un grand nombre de documents officiels.

---

[1] *Le Corps Cathelineau pendant la guerre* (1870-71), par le général Cathelineau. Paris, Amyot, 1871, 2 vol. in-12.

Simple acteur au milieu de ces évènements militaires, j'avoue n'avoir compris le rôle que nous avons joué et les services que nous avons pu rendre qu'en parcourant plus tard, en pleine paix, avec une émotion que ravivera toute nouvelle lecture, les rapports de notre commandant, les ordres des généraux en chef, les pièces diverses qui relatent les opérations des armées en présence.

Je ne prétends pas ajouter une seule ligne à ces annales authentiques. Les pages qui vont suivre, écrites sans souci des dates et de la stratégie, contiennent seulement des impressions personnelles rendues plus vives par leur contraste avec d'autres milieux, et avec le train de vie ordinaire. Deux batailles, livrées sur un front si vaste qu'elles semblaient échapper au regard, y figureront en esquisses réduites à des coins d'horizon.

Cinq jours d'instruction, à Amboise, des exercices répétés du matin au soir, sur l'esplanade du vieux château, entre la salle de la *Conjuration* et le tombeau d'une femme d'Abd-El-Kader, ce peu de temps doublé de beaucoup de bonne volonté, nous avaient mis au courant des principales manœuvres. Une semaine après notre départ d'Agen, nous allions, d'un pas cadencé, le fusil en bandoulière, à travers le dédale de la forêt d'Orléans, prêts à recevoir le baptême du feu. L'entrain ne manquait pas à nos compagnies, que d'autres avaient précédées. Orléans venait d'être repris. Comme si tant de revers de nos armées ne comptaient déjà plus, lancés en pleine action, nous n'avions que des espérances. Toutefois, dès les premières étapes, les difficultés commençaient.

J'avais eu l'occasion de lire avidement quelques lettres de soldats engagés dès le début de la campagne. Toutes renfermaient certains paragraphes que je résumerai dans ces deux lignes : « Soyez tranquilles, chers parents, les vivres ne nous manquent pas, *ou bien* : nous souffrons, les vivres nous manquent. »

Quelle indigne grossièreté ! Le souci du potage ou du bouilli, pêle-mêle avec les déclarations patriotiques ! Voilà bien les militaires improvisés et quels militaires ! Je jugeais mal ceux dont j'allais partager bientôt la mauvaise fortune. Du jour où j'ai pris rang avec eux, je leur ai concédé toutes les excuses ; je les ai compris. Bien plus, je vais imiter leur exemple. Si c'est humiliant, je veux d'abord faire partager cette humiliation à nos vainqueurs. Un de leurs grands hommes de meilleur aloi, bien que surfait, a raconté la campagne de de France de 1792, à laquelle il avait pris part. Gœthe, descendu de l'Olympe pour la circonstance, note avec joie toutes les bonnes aubaines de lard et de saucisson qu'il rencontra sur le chemin de Valmy. Les paragraphes de ce genre tiennent plus de place que ceux où il parle en Achille : à vrai dire, l'addition de ces derniers serait infiniment courte.

Trop souvent tout manquait dans cette campagne de 1870, ordonnée à la hâte. Les souffrances, les dangers n'avaient pas seulement pour mise en scène un champ de bataille ; la lutte pour la vie commençait au foyer où l'on se réchauffait plus au moins, où l'on accrochait la marmite de l'escouade. Ce sont là des faits de l'ordre le plus vulgaire ; mais le courage ne s'anime pas seulement au souffle des idées généreuses : il est quelque peu subordonné aux forces physiques ; l'âme la mieux trempée peut faiblir quand le pied mal assuré trébuche ; la bonne volonté d'un famélique ne suffit pas à le soutenir pendant une étape de douze ou quinze lieues.

Éclaireurs à pied plutôt que francs-tireurs, surmenés par des marches excessives, nous devions l'apprendre à nos dépens. Nous avons eu faim quelquefois, et je puis dire que c'est un supplice atroce, décourageant. Dans un de ces jours de disette, où l'on mordait un dernier morceau de biscuit pour essayer de tromper l'estomac, où l'on n'avait rien trouvé même à prix d'or dans les fermes dévastées par les réquisitions, j'ai vu l'un de nos compagnons tout joyeux d'avoir découvert et acheté un œuf. Il nous le montrait triomphant, excitant autant de convoitises qu'il comptait de témoins, lorsque un homme de son escouade lui dit simplement : « Vous avez de la chance. Moi, je n'ai rien mangé depuis vingt-quatre heures. » — « Voici l'œuf, mon ami. » — Partager un biscuit, c'était beaucoup alors, mais céder un œuf ! tout un œuf, quel héroïsme ! Combien de donations solennelles, écrites en gros chiffres par-devant notaire, me toucheraient moins que le cadeau de cette bouchée ! Mais je ne me plains pas d'avoir appris ce que peuvent souffrir les pauvres.

La faim, c'était de temps en temps, une exception. En raison même de nos positions toujours aux avant-postes, de notre isolement, de la division de nos compagnies, nous logions d'ordinaire à couvert, et, tandis que les granges nous offraient un abri pour la nuit plus confortable que des gourbis ou des tentes, la cuisine, les chambres ou les hangars valaient mieux pour nos feux que les bivouacs. Aux heures d'abondance, qui étaient rares, on oubliait vite les jours de famine. La moitié de mes compagnons d'escouade faisaient sonner dans les basses-cours et les cabarets des bourses bien garnies. Pareils, en cela du moins, aux héros d'Homère, nous procédions entre nous au partage équitable des victuailles démembrées au coin du feu. En marche, les bidons remplis jusqu'au goulot, circulaient à la ronde, et, bientôt mis à sec, s'emplissaient de nouveau à l'aventure, au prochain village. Nous avons eu des repas en plein air assaisonnés de ces courtes gaietés que la jeunesse fait éclater au milieu des misères. Des discussions sur le code de Brillat-Savarin, nous ont souvent amusés : ne fallait-il pas — délibération grave — saisir à point le rôti? Nos théories sur les omelettes étaient mêlées de mauvaises pratiques pour les faire sauter sans accident; nous avons surpris quelques-uns des secrets de la friture et deviné l'*olla podrida* ou quelque chose d'approchant. Cette recette me paraît si précieuse, que, devenu professeur à la suite de mainte expérience, je la révèle ici pour l'instruction publique : « Prenez quelque chose comme un gros quartier de viande aussi coriace que celle de l'Intendance, beaucoup de choux, beaucoup de pommes de terre, carottes et raves au choix ou simultanément, poivre et sel. Faites simplement bouillir le tout cinq ou six heures au grand feu; puis, sacrifiez sans remords le bouilli réduit en filasse : il vous reste un consommé dans une purée de légumes assortis, quatre plats fondus dans une assiette. » Dernière condition : beaucoup d'appétit. Quand, au retour d'une marche de dix heures, vous trouvez pareil régal préparé par les amis retenus au campement, votre machine sera chauffée pour la corvée du lendemain.

On abusait aussi du café noir, absorbé par grands bols, un vrai cordial; du lait, plus débilitant, que les fermières, après l'avoir vendu et livré, arrosaient parfois d'eau, devant nous et malgré nous ; superstition si naïve qu'elle ferait presque excuser celles de leurs fraudes trop fréquentes, qu'elles cachent religieusement.

Des aides, sans diplôme de cordon bleu, venaient de temps à autre à notre secours. Lorsqu'on avait élu domicile pour quelques jours dans un hameau, le plus fin limier de l'escouade se mettait en quête d'une ménagère. Je me souviens d'une jolie scène : c'est au mari que nous avions sérieusement adressé la requête suivante : « Pourrez-vous faire acheter et préparer toutes sortes de provisions, telles que dindons, oies, poules ou canards; nous sommes affamés et nous payerons bien. Ne jugez pas sur l'apparence des simples soldats d'une compagnie qui pourrait fournir plus d'un capitaine. La

preuve, c'est que nous sept de l'escouade nous sommes tous avocats. »
Et n'était-ce point le temps où la toge valait un brevet pour les épau-
lettes? Je vois encore le grand geste du bonhomme, sa bouche ou-
verte, et j'entends ce cri de stupéfaction : « Tous avocats, ma
femme! » Et marmite de chanter à gros bouillons, et broche de tourner. Toute la maison s'est régalée huit jours de nos restes; c'est tout
ce qu'il faut pour vivre et se quitter en bons amis.

Dans les villes, on nous donnait souvent pleine liberté de nous loger
à notre fantaisie. Nos choix individuels étaient déterminés par des
considérations diverses. Ceux de nos compagnons dont la bourse était
creuse depuis la guerre — peut-être comme avant la guerre — re-
cherchaient volontiers les maisons de belle apparence. Ils y trouvaient d'ordinaire l'accueil le plus secourable; leurs figures, épa-
nouies à l'heure du rappel, en fournissaient le témoignage. On peut
citer, entre autres, un Vendéen, qui avait entendu jouer du piano,
pour la première fois de sa vie, et qui avait bu du *moka*, servi dans
un *verre peint* comme on n'en voit pas. Ceux qui, plus favorisés, pouvaient payer leurs dépenses, entraient simplement chez un artisan,
sûrs de ne pas lui être à charge. Ne fallait-il pas éviter cette récep-
tion possible? « Monsieur, voilà deux francs pour loger à l'auberge. »
Et chez les artisans nous étions bien. Je pourrais citer plusieurs
traits d'hospitalité qui m'ont touché jusques au fond du cœur. Je les
passe, pour en dire un seul.

Après une étape de huit heures, sur des chemins couverts de neige
fondante, trempés jusqu'aux moëlles par une pluie froide, nous
étions trois à frapper un soir à la porte d'un cordonnier. Nous lui demandons le gîte et le couvert. Il nous serre d'abord la main, bien vite
fait feu de tout son bois, charge sa femme des apprêts de la cuisine, et
nous abandonne son lit, le seul de la maison. Tandis qu'avant de
nous reposer, debout, les habits fumants, nous faisions pile ou face
aux larges flammes du foyer, notre hôte nous racontait les souffrances que lui, soldat autrefois, avait endurées dans les tranchées
de Sébastopol. Il nous répétait combien il était heureux d'adoucir des
souffrances pareilles.

Au départ, le lendemain, impossible de faire accepter à ce brave
homme la moindre indemnité pour son bois, pour des conserves
dont il avait renforcé notre ordinaire. En vain nous lui disions que
nous avions autre chose que notre paie, beaucoup plus d'argent que
n'en gagnent les soldats. Son refus n'admettait pas d'insistance.

Je m'avisai d'un détour, et lui demandai — ce n'était pas sans besoin d'ailleurs — une paire de fortes chaussures. « Voilà ce qu'il vous faut, me dit-il, des brodequins ferrés comme les veulent nos gars : ils me demandent de ceux qui durent une année et je ne les trompe pas. A vrai dire, quand ils cheminent par les sentiers où l'on ne passe guère, ils mettent peut-être la chaussure au bout du bâton ; mais ils font les fiers sur les grandes routes et ne regrettent pas leurs sabots. Du cuir, comme cela fait bon profit tout un an, à le porter plus souvent que les dimanches. »— Une paire m'allait à merveille. « Combien ? » — « Huit francs. » — « Pas possible. J'ai toujours payé le double. » — « Dans les villes, Monsieur, mais je puis vendre à un prix moindre que les grands marchands, car je fabrique moi-même. » Je ne pouvais être dupe de l'intention, et cependant je ne réussis pas, dans une dernière tentative, à faire tenir dans sa main plus de huit francs.

J'ignore le nom de ce pauvre artisan. Nous passions, nous avions froid. Le bois de son foyer nous a peut-être sauvé la vie : il nous l'a donné. Il a compté pour rien deux journées d'un travail avare. Vétéran, il a voulu faire encore quelque chose pour un soldat, pour son pays. Combien je souhaite que Dieu le lui rende !

Pour tout dire, j'ajouterai, non sans répugnance, que quelquefois aussi nous avons souffert du mauvais accueil des populations. Dans certaines régions, nul patriotisme ; ailleurs, un peu par tout pays, des faits particuliers nous ont prouvé que le sentiment du devoir peut varier d'une porte à l'autre. Je ne citerai qu'un épisode, un de ceux qui offrent encore des circonstances atténuantes. Après une marche de seize heures, harassés de fatigue, affamés, nous arrivions dans un village à onze heures du soir. L'unique auberge du pays était dépourvue de provisions. On avait assigné à notre escouade, pour y passer la nuit, une maison du faubourg, occupée par une vieille femme. Nous demandons à allumer du feu, et l'hôtesse s'exécute de fort mauvaise grâce. Quand nous parlons d'acheter des provisions, la seule réponse est : « Je n'ai rien à vendre, mes bons Messieurs » Un instant après, la vieille ouvre un placard ; sur tout un rayon, s'étalent des pots de conserves, aux panses rebondies certainement pleins, car ils sont recouverts et soigneusement ficelés. « Et ceci ? » — « Oh ! ceci, ces rillettes, c'est très bon ; je les garde pour les donner aux Prussiens, quand ils viendront, afin qu'ils ne me fassent pas de mal. » — « C'est bien, Madame. Vous n'avez pas sans doute de petit-fils à l'armée. Vous sauriez qu'il vaut mieux vendre ses provisions à des soldats français que de les donner à l'ennemi. » Et, sans insister, après avoir soupé d'un pain du munition, étendus sur le parquet et roulés dans nos couvertures, nous dormions d'un lourd sommeil, en attendant de quitter le lendemain ce logis inhospitalier.

Souvent on nous recevait fort bien, mais sans dissimuler la terreur que causait notre présence : « Resterez-vous longtemps? nous disait-on. Du moins, ne défendez pas le village s'il était attaqué. Nous serions perdus. »

Quels encouragements! Allez, soldats, allez donc vous faire tuer en plein champ. Cette ferme, où le cœur vous dit d'entrer, abrite un propriétaire et sa famille, des existences autrement précieuses que la vôtre. C'est une habitation française, qui peut-être défendra le Prussien contre vos balles, mais sur laquelle vous seul devez craindre d'attirer la foudre. Passez vite.

Il faut d'autant plus admirer la défense de Chateaudun qu'elle constitue un fait presque unique dans le cours de cette guerre. Nous avons compté plus de Nancy que de Sarragosse.

J'ai vu afficher ces poltronneries par bien des gens, entre autres par un juge de paix qui, mêlant à nos dialogues un récit qu'il cherchait à rendre tragique, réussit tout simplement à nous faire rire. Voici l'histoire : Les Prussiens avaient occupé la ville huit jours avant notre passage et logé en grand nombre dans le prétoire. Après avoir raconté de véritables atrocités commise par eux dans le pays, le juge, avec un *crescendo* d'indignation, finit par un comble : « Imaginez-vous, Messieurs, qu'ils ont..... dans ma toque! » *Proh pudor !* Les ennemis avaient brûlé des fermes, pillé des caves, violé une femme, traîné un cabaretier par la barbe, en lui criant *Capout !* Après s'être grisés de son vin, etc. Passe! Mais souiller les insignes jusqu'à ce jour respectés de sa magistrature! Assurément le cas était pendable. Ce juge de paix était encore jeune; il avait une revanche à prendre : s'enrôler parmi nous pour venger sa toque.

A propos de cuisine, j'ai déjà dit quelques mots de mon escouade, sept, tous avocats; j'exagérais un peu, mais pas de beaucoup. En réalité, quatre d'entre nous avaient passé par les écoles de droit, un cinquième se destinait à mordre au code. Le sixième, bachelier, dix-sept ans, imberbe, insouciant comme un enfant de troupe, aurait pu songer à Saint-Cyr. Son père, colonel en retraite, mourut pendant la guerre, ayant pour consolation suprême l'idée que son fils était dans les rangs. Vrai soldat, comme la France en produira toujours, cet enfant était brave, impassible, infatigable, d'une humeur toujours égale. Nous, dont la philosophie ne tenait pas toujours devant la vache enragée, nous le taquinions amicalement sur cette placidité vraiment extraordinaire. Je cite une partie de nos discours: « Le métier de franc-tireur a bien ses charmes, témoin le plaisir de dîner d'un biscuit. Il est fâcheux que ce ne soit pas une position sociale ; trop de chômage. La guerre finie, nous plaiderons bien ou mal, nous jugerons au mieux, c'est convenu. La toge vaut le chassepot. Mais que diable pourra bien faire le petit D..? » Ces derniers mots étaient le refrain obligé ; le reste variait, comme des couplets, suivant les circonstances. Victime de cette mauvaise scie, le petit D... se contentait de rire, sans livrer les secrets de ses projets d'avenir. Du moins, nous avons pu l'apprécier durant quatre mois; il doit faire un parfait officier. Ou je me tromperais fort ou bien aujourd'hui, après quinze ans, il se souvient, comme il le doit. que son père est mort de douleur aux jours de l'invasion prussienne.

Les balles de l'ennemi ont des ricochets qui frappent bien au-delà des champs de bataille. Je me rappelle le bon accueil que j'ai reçu dans une riche maison de campagne des environs de Vibraye. Deux vieux domestiques, le mari et la femme, voulaient dévaliser en mon honneur la cave et la basse-cour de leur maître défunt. J'avais à me défendre contre ces largesses, éprouvant d'ailleurs le plus vif plaisir à causer avec ces braves gens. Voici donc ce qu'ils me disaient : « Ici tout est à vous, des soldats français ! Monsieur aurait tout donné pour eux et ses héritiers ne nous *démentiront* pas. Nous les connaissons ; ils sont comme lui. Donc, Monsieur souffrait depuis longtemps, ayant rapporté des douleurs de ses campagnes. Mais ce qui l'a tué, c'est lorsque les Prussiens sont entrés en France. Il s'était mis au lit et ne comprenait plus guère. Cependant Monsieur voulait encore se faire lire le journal. Nous lisions, et toujours c'étaient des nouvelles plus mauvaises, et je crois que ça le faisait souffrir plus que son mal. Il disait souvent : « Paris ! les Prussiens, à Paris ! » Il y a vingt jours qu'il est mort. Venez voir son portrait. »

Le portrait du mort, c'était dans une chambre simplement meublée, austère, une photographie de grand format. Je crois voir encore les traits du vieil officier, un type militaire, des moustaches en brosse, dont les pointes se dessinaient en traits blancs sur des joues creuses, un front sillonné de rides verticales.

Au-dessous du cadre, la rosette rouge et la croix d'honneur.

La dernière pensée de cet homme je la devinais à travers le naïf bavardage de mon hôte. Habitué aux victoires, le colonel avait douté des soldats de l'an 1870.

Je vois encore le vieux domestique avec des larmes dans les yeux. Ce brave homme, sans s'en douter, venait de jouer avec une émotion sincère, un morceau de la grande scène des portraits dans *Hernani.*

Assurément, il était bon celui dont on gardait ainsi le souvenir, il était foncièrement Français celui que nos défaites avaient achevé dans sa vieillesse. Le domestique et le portrait me disaient tout cela.

Mais j'ai laissé mon escouade à six. Le septième, mieux vaudrait peut-être n'en rien dire ; cependant sa vie et nos rapports forment un si étrange tissu de fils disparates qu'il vaut la peine de détailler tous les morceaux de cette pièce.

N… était alsacien. Après avoir fait sept ans de service militaire, il travaillait comme ouvrier dans une usine de la Vienne.

Cet homme était vraiment par trop philosophe. Marié, il se plaisait à raconter les méfaits de sa femme, dont il vivait séparé : « Elle était trop *minable* (traduisez : elle avait trop bonne mine) pour moi, disait-il, en forme de consolation. »

Par le fait, la tête de N…, grosse sur de larges épaules, ressemblait à une maquette pétrie à coups de poings. Elle devait former un singulier contraste auprès d'un joli visage.

Pour N…, nous étions des bourgeois qu'il était charmé de traiter, non sur le pied d'une égalité admise par nous à l'avance, mais de supérieur à inférieur. Nous n'avions pas été soldats ; c'est pourquoi il se croyait notre maître.

Aussi, durant trois mois, nous avons dû faire littéralement les corvées pour lui. Nous aimions mieux en rire que nous fâcher, le voyant d'ailleurs, ramasser sous nos talons, pour les chiquer, les culots de nos pipes. J'en demande pardon au lecteur, mais ces quelques traits, je crois, en disent assez.

Des mots amusants échappaient parfois à ce singulier camarade.

Dans une retraite sous les balles et les obus, mon ami M... le voyant dévier de la ligne, lui cria : « Dans le rang N... » — « Oui, mon caporal, on connaît la discipline, on obéit quand il faut ; mais je ne porterai jamais la marmite. » Le moment était chaud pour avoir d'autres soucis que celui du danger ; il le choisissait quand même pour maintenir ses prétentions insoutenables.

Près du Mans, au milieu de vergers, de prairies et de bois : « Quel beau pays, disait-on. » Et N... de riposter : « Où sont les vignes ? »

Il faut prendre les gens par le bon côté. N..., que son mariage et ses quarante ans exemptaient de tout appel, avait le mérite de payer sa dette au pays. Une occasion se présenta, dont je parlerai, où il put rendre le service le plus signalé à trois de nos hommes.

On connaît maintenant toute la première escouade de la première compagnie.

La petite troupe de Cathelineau était composée d'éléments assez divers à tous les points de vue ; mais les autres corps de francs-tireurs qui nous ont été associés quelque temps, offraient un bien autre mélange. La diversité des costumes n'était rien auprès de celle des origines, de la façon de vivre et de la valeur militaire. Le campement de ces légions improvisées dans le village d'Ingrannes, en pleine forêt d'Orléans, offrit pendant quelques jours le plus curieux des spectacles.

J'ai entendu un de ces soldats, dit *le citoyen du monde*, improviser la constitution pacifique des futurs Etats-Unis d'Europe, en fourbissant un fusil, après avoir déjeuné d'un hareng saur. Les Niçois sacraient, juraient à l'italienne, tandis que nos aumôniers nous faisaient réciter des prières. Des indisciplinés du bivouac, à première vue suspects, contaient des prouesses extraordinaires. Tous ne mentaient pas. Certaines compagnies avaient fait leurs preuves, entre autres des francs-tireurs parisiens, qui avaient eu un engagement brillant près d'Etampes. Leur capitaine était l'un de mes vieux amis. Les hasards de cette campagne nous avaient rapprochés de la façon la plus inattendue.

Les Phocéens, superbement équipés comme pour la parade, se faisaient remarquer par une exacte discipline. Des mobiles bretons avaient le mal du pays. Quelques gardes nationaux de la région, armés de fusils de pompiers, tenaient parfois à honneur de nous suivre.

Si tout n'était pas irréprochable dans cet ensemble, ni la bonne

volonté ni le courage individuel, ni la patience à endurer les privations ne faisaient défaut. A tenir compte de leurs faibles effectifs, ces
corps-francs ont, en somme, rendus des services appréciables. De
notre côté, les éclaireurs prussiens n'osaient guère passer à portée
des bois, nous sachant éparpillés sur les lisières. Ils ont pu ignorer
que nous n'avions ni réserves ni point d'appui, empêchés de pousser
leurs reconnaissances jusques dans la forêt.

L'article de l'armistice qui prescrivait la dissolution des corps-
francs, prouve assez que l'ennemi avait eu à souffrir de cette petite
guerre de surprise et de buissons. Dans tous les villages par où les
Prussiens avaient passé, la première question que les éclaireurs
avaient posée à leurs habitants était celle-ci : « Y a-t-il des francs-
tireurs dans le pays ? »

Les volontaires de Cathelineau ont rempli surtout le rôle d'éclaireurs. Nos chefs ont dédaigné de tendre chaque jour des embuscades
faciles à ces uhlans lancés sur toutes les routes en avant de l'armée
prussienne. Il y a plus : on ne nous permettait pas toujours de tirer
sur des cavaliers qui passaient à portée. Ceci nous surprenait fort.
L'effet voulu, qui consistait à entraver les reconnaissances de l'ennemi, n'en était pas moins produit par notre seule présence. J'ai été
charmé de l'apprendre par la lecture des récits de notre commandant,
car nos compagnies n'avaient pas toujours soupçonné le motif de tant
de marches et de contre-marches fatigantes. Les témoignages des généraux qui donnaient les ordres ne laissent à ce sujet aucun doute. Il y
a donc à la guerre autre chose que les petits hasards des coups de feu,
qui tiennent le soldat en alerte; des résultats plus sérieux peuvent
être obtenus par de simples manœuvres. Les nôtres étaient d'ailleurs
fort dangereuses. Les uhlans n'osaient pas percer nos lignes et nos
pointes imprévues les refoulaient jusque sur leur infanterie, que nous
parvenions à atteindre et à observer, sans avoir ni la force ni la mission de l'attaquer. Placés en avant de l'armée, nous l'avons constam-
ment gardée contre toute surprise. Toute marche offensive de l'ennemi était signalée à l'avance par nos éclaireurs à cheval. Les compagnies à pied pouvaient secourir ces derniers s'ils avaient été trop
vivement poursuivis. Ainsi notre colonne, placée en tête, se divisait
elle-même en plusieurs échelons et rayonnait sur une grande surface.
Nous devenions avant toutes choses un bureau de renseignements.
Connaître les positions et les forces de l'ennemi, pressentir ou cons-
tater à temps ses manœuvres, c'est, dit-on, une moitié de l'art de la

guerre. Toutes nos défaites jusqu'à Sédan, ont commencé par des surprises : notre meilleure armée, celle du vieux fonds, celle qui a subi les premiers chocs n'était pas suffisamment pourvue d'éclaireurs. L'expérience avait profité.

Le mieux était de copier les procédés employés par l'ennemi, y compris un dernier expédient. Ils avaient des espions, nous en avions. Partout où pénétraient nos éclaireurs à cheval et nos chasseurs du 10ᵉ, les maires, les fonctionnaires, les principaux habitants des villes ou des villages leur rapportaient ce qu'ils savaient. Mais bien au delà de cette zône explorée en armes, jusques dans les camps prussiens, nos émissaires allaient voir, écouter et dénombrer.

Ils étaient un petit nombre. J'en ai connu particulièrement deux et je voudrais pouvoir en ce moment leur céder la plume. Ils n'auraient qu'à se souvenir, à écrire les récits qu'ils nous contaient, le brûle-gueule à la bouche, vêtus de leur blouse inséparable, et l'œil vif sous un chapeau de maquignon. Leurs narrations variaient du drame à la comédie. On pouvait rire après coup, mais nul d'entre nous n'était plus exposé que ces hardis éclaireurs.

De l'un et de l'autre je ne rapporterai qu'un seul trait, pour faire comprendre ce qu'ils devaient déployer de ruses, quelle devait être leur présence d'esprit et ce qu'ils pouvaient rendre de services.

T... s'était chargé de traverser les lignes prussiennes pour rapporter des nouvelles de l'ambulance, placée sous la direction de Mᵐᵉ de Cathelineau; en outre, il devait tout observer sur la route. Il s'agissait de pénétrer dans la ville d'Orléans, qui était fort bien gardée, et notre compagnon hésitait sur les moyens. Le hasard devait le servir et lui donner une inspiration. Dans un des villages de la banlieue, un crime avait été commis : froidement, sans provocation, un soldat prussien avait assassiné dans un café un paisible consommateur, dont la tête lui déplaisait, disait-il. Avec l'assentiment des autorités prussiennes, le maire de cette localité fut chargé de faire une enquête, qui devait être transmise à l'état-major. Ce maire qui possédait un château, employait un nombreux personnel. T... se présente, fait connaître en secret sa mission et obtient facilement la complicité d'un vrai Français, qui, dans ce cas, risquait sa propre vie. Transformé en cocher, muni d'un laisser-passer en règle, T... est donc chargé de porter l'enquête. C'est à cheval, en livrée, que notre compagnon se présentait à la porte du prince Frédéric-Charles : « Bien, lui dit celui-ci en recevant de ses mains le dossier. Je ferai étudier l'affaire. » Et le prince donna vingt francs d'étrennes à notre brave espion. Son retour fut plus difficile à opérer que ce coup de maître, et, par malheur, les renseignements qu'il apportait sur l'armée prussienne étaient devenus inutiles ; mais les nouvelles de M^me de Cathelineau et de l'ambulance furent reçues avec une joie indicible.

L..., le second, déployait une fécondité de ressources à faire classer au second rang les inventions policières des romans de Balzac. Cathelineau a dit souvent de lui et même écrit qu'il valait une armée.[1] Ce faux paysan passait souvent, répondant par un éclat de rire et un «Franc-tireur!» au «Qui vive?» de nos sentinelles ahuries. Ensuite quelles bonnes histoires! Il éprouva un jour d'insurmontables difficultés pour aborder un camp prussien. Un français, homme de sac et de corde, qui réalisait de gros bénéfices en approvisionnant nos ennemis de bétail, lui parut capable de l'aider dans sa mission. L'aider? Peut-être le trahir. C'était le cas de prendre le taureau pour les cornes. L... attend cet homme sur la route : « Laissez-moi monter un moment sur votre voiture, lui dit-il. » — « Volontiers. » — « Merci, mais ce n'est pas tout. Nous avons à nous entendre. Il faut que je voie les Prussiens. J'ai averti le procureur de la République que j'irais avec vous. Il sait mon nom et le vôtre. Je suis espion. Pour les Prussiens, je serai votre valet et je jouerai bien mon rôle. Pas de discours à voix basse. Vous répondez de ma tête. D'ailleurs, j'entendrai tout et je vous suivrai comme votre ombre. » Tout en tenant ce discours amical, L... faisait jouer le mécanisme de son révolver. Le marchand comprit, et L... put nous dire une fois de plus combien sur tel point les Prussiens comptaient de tentes et de batteries.

L... était désespéré de ne pas savoir l'allemand. « Les Prussiens sont plus bavards qu'on ne l'imagine, disait-il. Je blaguerais avec eux et je saurais tout. » Il se faisait fort de pénétrer dans Paris en forçant le blocus. « Que le commandant me l'ordonne et j'arriverai. » Je crois vraiment qu'il aurait pu réussir dans une tentative assez dif-

---

[1] *Le Corps Cathelineau*, t. II, p. 36.

ficile pour que nul autre n'en ait pu venir à bout. Il avait étudié par lui-même tous les points mal gardés jusques au-delà d'Etampes.

L... pratiquait aussi le contre-espionnage. Il assistait, un jour, à un rapport fait par un autre de nos espions, tout jeune, qui avait dû s'intimider sur la route. Celui-ci prétendait avoir été employé par les Prussiens à saigner des moutons. « Fais voir tes mains, mon petit, lui dit L... Pas de traces de sang autour des ongles. Si tu avais saigné des moutons hier il en resterait quelque chose. Du reste je viens de l'endroit où tu prétends être allé. Il n'y a pas tant de Prussiens que tu le dis. » L'autre balbutia et ne reçut pas de nouvelle mission.

Bien espionner ce n'était pas tout. Il fallait aussi nous mettre en garde contre l'espionnage prussien. Nous avons toujours soupçonné qu'un faux frère était dans nos rangs. Sa désertion nous a préoccupés quelque temps ; Cathelineau n'en ayant rien dit dans son ouvrage, mais je garderai la même réserve.

Pas un coup de feu, jusqu'à présent, n'a retenti dans mes récits de campagne. Nous en avons échangé pourtant. C'est près de Chambon, sur la bordure de la forêt d'Orléans, que je devais entendre siffler les premières balles. Un matin, par une marche en avant, nous avions dégagé la compagnie des francs-tireurs de Rochefort qui, cernée dans un hameau, près de Nancray, se défendait avec bravoure et brûlait ses dernières cartouches. Nous allions vite, déployés en tirailleurs, de front, à vingt mètres les uns des autres. Je passai près d'un cavalier prussien, tombé de cheval, qui rendait le dernier souffle. Poursuivis par quelques coups de fusil, les Prussiens, en pleine retraite, finirent par disparaître dans les grands horizons de la plaine.

Nous n'avions plus qu'à songer au déjeûner; il fut vite préparé; mais ce peu de temps, après notre retour à Chambon, fut trop bien utilisé par les Prussiens. Dans l'après-midi, nous reprenions la même route que le matin, lorsque des coups de feu nous surprirent aux premiers pas.

L'ennemi était revenu en force, avec quelques pièces d'artillerie, pour occuper de nouveau les positions abandonnées par lui quelques heures auparavant. Nos compagnies se déployèrent, et, à l'abri d'un fossé et d'une plantation de peupliers, rendit une balle pour dix aux

Prussiens massés dans un bois. Dans cette lutte fort courte ma compagnie seule, postée dans un bas-fond, ne fut pas engagée. Nous ne voyions pas l'ennemi, dont les balles passaient au-dessus de nos têtes, toutefois assez près pour abattre le chapeau de l'un des nôtres. Un mouvement des Prussiens, sur notre droite, du côté de la forêt, détermina Cathelineau à nous faire replier jusques sur les bois que nous avions mission de protéger. Nous n'étions pas à 300 mètres de l'ennemi et notre retraite s'opéra au pas, par files bien ordonnées, sur un terrain absolument découvert. Quand les balles eurent cessé de siffler, les obus nous poursuivaient encore. Il se passa alors quelque chose de singulier : notre marche de biais produisit l'effet d'un mouvement tournant, et les Prussiens, au lieu de marcher sur Chambon qu'ils touchaient et qui était dégarni de troupes, commencèrent leur retraite. Nous rentrâmes de nuit dans notre campement, sans être inquiétés le moins du moins du monde, et ramenant deux blessés. Dans l'affaire de la matinée, les francs-tireurs de Rochefort avaient eu trois hommes hors de combat. Les Prussiens, plus nombreux, groupés dans les bois ou marchant à découvert sur les maisons de Nancray, avaient souffert davantage ; les paysans virent passer à leur suite trois fourgons remplis de morts ou de blessés.

Cathelineau reçut les félicitations des généraux pour avoir su garder ses positions. Indépendamment de deux décorations de la Légion d'honneur, une médaille militaire fut attribuée à chaque compagnie. La mienne, dans laquelle personne n'avait eu l'occasion de se signaler, eut à voter sur le choix. Par acclamation, la médaille fut décernée au plus âgé, M. de B..., qui comptait ses soixante-dix ans. Celui-ci refusa simplement, prétextant, avec un sourire, qu'il n'aurait pas assez longtemps à porter cet insigne. Alors, pour bien entrer dans ses vues, on vota pour le plus jeune : il avait seize ans et demi.

Nous avions d'autres risques à courir que celui de la petite guerre. Pour éviter toute surprise, surtout la nuit, il fallait multiplier les postes et échelonner à de grandes distances les sentinelles perdues. C'était un rude service que ces factions, debout, sans sommeil, après les longues étapes, A certains moments, les corvées de grand'garde revenaient pour chacun deux fois par semaine.

Nous avions été bien vite rassurés sur les dangers plus apparents que réels de ces factions nocturnes, dans un complet isolement, au milieu d'un silence que troublent les bruits les plus divers perçus à de grandes distances. Les Prussiens n'ont jamais tenté de forcer un de nos postes la nuit. Ils ont horreur de l'inconnu. Parfois cependant les uhlans venaient rôder autour de nos sentinelles; mais, n'ayant pas d'armes à longue portée, ils n'étaient pas à craindre : ils rebroussaient chemin au premier Qui vive?

Voici une de mes impressions les plus chaudes sur le service de grand garde. Un lieutenant vient visiter notre poste et annoncer le départ. « On sait, nous dit-il, que l'ennemi est en marche. Celui qui ira occuper le poste le plus éloigné doit se munir de tous ses effets, et, l'œil bien ouvert, attendra les compagnies auxquelles on donne l'alerte. » Je fus équipé à la hâte et bien vite en place.

Ce poste, attelé *des quatre chemins*, est situé à quelques cents mètres du hameau de La Verrerie, où nous étions campés depuis une semaine. Vingt fois j'avais été de garde à ce carrefour, ouvert au milieu de forts taillis de chêne, mêlés de bouleaux qu'on laisse croître. Par des nuits froides, à demi sereines, j'avais vu souvent se dessiner aux rayons de la lune les lignes blanches et fines de ces arbres du nord, tandis que le givre crépitait aux branches. J'étais en pays de connaissance.

Des hardes de chevreuils, qui passaient furtivement à travers bois avaient parfois éveillé l'attention de nos sentinelles. Je n'avais pas eu d'autre alerte que des coups de fusil entendus au loin et la reconnaissance amicale de quelques-uns de nos éclaireurs. Nous savions, à ce moment, qu'aucun d'eux n'était engagé plus avant ; les méprises n'étaient pas possibles.

Un cheval de uhlan, étendu mort dans un fossé, à cinquante pas de là, rappelait le souvenir d'une embuscade qui avait coûté la vie à deux de nos camarades, tandis que nous avions seulement désarçonné un cavalier.

Bien que l'heure fut critique, ma situation n'offrait pas un grand péril. En admettant même que l'avant-garde prussienne se fût engagée sur une des routes, je criais le *Qui vive!* à cinquante mètres, puis un coup de fusil prévenait nos compagnies. Je n'avais que deux pas à faire pour être en plein bois; la nuit aidant; j'aurais défié le tir et les recherches de l'ennemi.

Cependant une anxiété trop justifiée me torturait. La bataille allait donc se livrer dans quelques heures. Quel serait le dénouement de cette lutte suprême? Je songeais aussi que, de toute la grande armée du Mans, j'étais à ce moment le soldat le plus avancé du côté de Paris assiégé, et je me sentais fier de mon poste d'honneur. Si j'ai compté pour quelque chose une fois dans ma vie, c'est bien alors, modestie à part.

Ces pensées diverses bourdonnaient dans ma tête un peu confusément, durant cette faction de quarante minutes. Avant que le premier cavalier prussien fût engagé sur la route, à trois heures du matin, nos deux compagnies rejoignaient le poste et nous marchions tous à grands pas afin de rallier d'abord le corps de Cathelineau à Mont-mirail, et beaucoup plus loin le gros de l'armée. Notre étape fut de seize heures de marche. Pendant une courte halte,—le temps de dé-jeûner,— à Vibraye, une de nos sentinelles se laissait enlever et tuer à bout portant d'un coup de révolver. Sans défiance, ce malheureux avait pris deux uhlans audacieux pour des cavaliers français; le poste, mis trop tard en éveil, n'avait pu venger sa mort. Une fusillade de l'infanterie ennemie pressait déjà nos compagnies d'arrière-garde qui ripostaient, sans précipiter leur marche. Les Prussiens nous avaient suivi de près. Ils aparaissaient par masses compactes dans les-quelles notre tir avait fait des trouées;[1] mais nous leur abandonnions vingt morts ou blessés. C'étaient les premiers coups de fusil de la bataille du Mans. Tout le jour, le canon se fit entendre dans les di-rections les plus diverses, tandis que nous allions nous établir presque au centre de nos lignes, à Montfort.

--------

[1] Ils eurent 90 morts. *Le corps Cathelineau*, t. II, p. 123.

Deux batailles. — Deux retraites.


Le choc des armées modernes s'opère sur de vastes surfaces qu'un regard ne saurait embrasser. Des deux côtés, les forces sont fractionnées, les engagements partiels ou successifs ; on vise de la fumée plus souvent que des poitrines d'homme ; on se tue en aveugle, de loin. Le général qui commande, pareil au joueur, ne connaît lui-même qu'une moitié des éléments de la partie et les hasards peuvent compter plus que ses prévisions. Le soldat ne sait rien, il ne voit rien que des épisodes.

Je dirai le peu que j'ai vu du combat de Beaune-la-Rolande et de la bataille de trois jours au Mans.


Un appel plus matinal que de coutume vint nous surprendre dans ce campement de Chambon, dont j'ai déjà parlé. Le motif du réveil, de cette prise d'armes rapide, sans alerte, se devinait aisément. Bientôt debout, nous gagnions, tantôt par les routes, tantôt à travers champs, le poste qui nous avait été assigné. On allait attaquer la ville de Beaune, où les Prussiens s'étaient retranchés depuis quelques semaines.

Il nous tardait de quitter ces lisières de la forêt d'Orléans, si souvent parcourues de front ou de biais dans nos marches incessantes. Nous avions eu la mission de tromper l'ennemi sur nos forces très insuffisantes : de même que des figurants dans une féerie, nous disparaissions pour reparaître, ayant pour coulisses et pour rideau les bois profonds. Il nous semblait, en dépit des bons résultats de ces manœuvres, que ce fût un métier de comparses. Aller en avant et tenter l'aventure, embrasser un horizon plus vaste, dans lequel apparaît le point limité de l'attaque, remplir un rôle de soldat dans une vraie bataille, c'était notre désir sincère, et nous allions être satisfaits.

L'étape fut assez longue ; toutefois, avant l'aube, nos compagnies étaient déployées en tirailleurs, en vue du clocher de Beaune. On aurait pu croire encore à quelque parade. La plaine que nous parcourions, légèrement ondulée, n'offre pas d'obstacles. Quelques carrés de bo s taillis, fouillés par nos éclaireurs, sont franchis. Peu de haies ; les blés et les labours, aux sillons droits et parallèles, s'étendent, à perte de vue, de la rase plaine aux buttes en pente douce que des moulins à vent couronnent. Des vols de perdrix effarées, poussés en avant par une immense battue, se dispersent en poussant des cris d'effroi. On cause peu, on regarde, on attend. Au loin, sur la droite, dans les brèches creusées par les vieux chemins, quelques masses d'hommes apparaissent, des pantalons rouges. France ! Et du côté de Beaune, pas une ombre, pas un bruit, rien. En avant ! Sur la route que nous venons de quitter, se groupent des maisons aux portes, aux fenêtres closes. Des vergers, coupés de petites clôtures, séparent ce faubourg de la ville ; ils doivent être joyeux au printemps ces vergers avec leurs pommiers aux fleurs roses !

Le canon ! Grand silence dans nos rangs. Quelle batterie française ou prussienne a tiré la première ? Qu'importe ? Quelques minutes encore, et, subitement, comme le bruit sec d'une toile qu'on déchire, la fusillade crépite. Des files de soldats, découpées par de grands vides se dispersent à travers les arbres, se couchent et ripostent aux feux qui éclatent par toutes les meurtrières ouvertes dans les maisons de la ville. Là-bas des flocons de fumée blanche tourbillonnent, montent jusqu'aux toits et se dissipent ; plus près, d'autres nuages de fumée, que le vent balaye. La bataille se livre à quinze cents mètres de nous, avec ses alternatives de décharges répétées de mitrailleuses et de feux de peloton, de repos à peine troublés par de rares détonations, de reprises courtes et formidables qui doivent coûter plus d'une vie d'homme par seconde.

Cependant des attelages sont lancés entre nous et la ville, ils se rapprochent ; c'est une batterie, qui vient se poster en avant de l'aile gauche, et que nous devons protéger. Ses caissons bondissent dans les guérets, en rendant des sons de ferraille. Bientôt six canons détachés, mis en ligne, sont servis avec rapidité, avec sang-froid, comme pour une manœuvre dans une revue inoffensive. Nous étions placés trop bas pour juger de l'effet du tir, qui battait la route de Pithiviers. On voyait seulement s'épanouir dans l'air de petites couronnes, au-dessus des points où nos obus éclataient.

La riposte ne devait pas se faire attendre. En avant ou en arrière de la batterie, la terre volait parfois en larges éclaboussures, un bruit sec retentissait, pareil aux éclats d'une mine, et bien distinct des détonations amples et prolongées de nos pièces. Nos cœurs battaient d'une vive émotion à la vue de nos artilleurs en danger. Les Prussiens rectifiaient leur tir avec une précision qu'il fallait déjouer : à peine deux ou trois projectiles étaient tombés sur la ligne occupée par une pièce, que rapidement, la position était changée de quelques vingt mètres, à droite ou à gauche, et le jeu terrible recommençait. Placés à moins de quatre cents pas, nous ne perdions aucun détail de cette scène. Sur notre gauche, quelques compagnies de mobiles de la Dordogne manœuvraient dans la plaine, en rangs serrés, pour bien attester que la batterie était défendue. Bravo pour les mobiles !

On nous avait espacés d'avantage. Nous pouvions rester à volonté debout, à genoux ou couchés. A notre gré, aussi, nous faisions des manœuvres théoriques simulant une défense à la bayonnette, par groupes de quatre, au cas où nous aurions à repousser une charge de cavalerie. Pendant plus d'une heure, aucun obus ne porta jusques à nos rangs, lorsque, tout-à-coup, les ennemis, ayant sans doute reçu des renforts d'artillerie par les routes ouvertes au nord-ouest, fouillèrent de leurs projectiles toutes les parties de la plaine où pouvait se rencontrer un homme, la plaine entière, pour tout dire. Ils prirent pour cible les fermes et les moulins à vent, à l'abri desquels nos chefs nous avaient rapidement groupés. Malgré tout, la curiosité nous faisait souvent quitter l'abri d'un mur, au-dessus duquel les obus passaient en sifflant. Nos éclaireurs à cheval se maintenaient en avant, toujours en marche, pour échapper au pointage, reconnaissables de loin aux longs bouts flottants de leurs écharpes bleues. Parfois une ordonnance, traversant la plaine au galop, échangeait des ordres du faubourg à la batterie. Sur un petit coin, bien sous nos yeux, la bataille était animée, mais non terrible comme là-bas, dans les vergers criblés par la fusillade. Après des roulements continus, il arrivait que les mitrailleuses parfois se taisaient, au moment des charges, pour reprendre, avec de subits grondements, quand il fallait couvrir une retraite. Nous cherchions à deviner, à la diversité des bruits, à leur rapprochement, à leur éloignement, les marches en avant, les luttes corps à corps, hélas !

et les retraites. La ville de Beaune fut prise deux fois et autant
de fois perdue.

Les longues heures de la journée du 29 novembre se succédèrent
ainsi. A la nuit, quand cessa la fusillade, nous pouvions croire le
résultat indécis. Nous n'avions pas de notre côté fait un pas en arrière. Au contraire, on nous dirigeait vers le faubourg, et nous
occupions des maisons dont les habitants n'auraient pas à coup sûr
osé défendre les portes. Pâles, atterrés, sans paroles, ils nous faisaient l'effet de fantômes. Notre escouade, à force de fureter, finit
par découvrir une soupe, préparée, le matin même, par les Prussiens. Sans scrupule, comme on pense, nous fîmes honneur aux
choux et aux saucisses pris sur l'ennemi. Une pipe en porcelaine,
oubliée sur une table, nous faisait un trophée. De temps en temps
nous sortions pour voir et écouter : » Je viens du champ de bataille,
nous dit un nos espions. Il y a beaucoup de blessés, mais ce ne sont
pas les nôtres qui les relèvent. » On voyait quelques petites lumières
errer, à travers les arbres, dans les vergers, et dans la plaine : déjà
le personnel des ambulances cherchait au hasard, à la lueur des
lanternes ; peut-être aussi les maraudeurs commençaient leur
pillage impie. Des foyers rouges illuminaient tout un quartier de
la ville.

Les obus qui tuent allument aussi les incendies; plusieurs maisons
brûlaient, et le clocher de Beaune, une haute tour massive, sans
flèche, qui, durant tout le jour, avait fixé nos regards, nous appa-
raissait encore, d'un côté en pleine lumière, de l'autre plongé dans
l'ombre. De grands bruits de voix humaines, des chants, des hour-
ráhs, confondus avec des plaintes, s'entendaient comme par rafales.
Le plus horrible fut une fusillade dans cette nuit que je n'oublierai
pas. Quelques compagnies de notre armée, mal renseignées et croyant la ville occupée par nos troupes, avaient donné dans les lignes
prussiennes. L'engagement fut court et meurtrier ; il se termina par
dés cris pareils à ceux que doivent pousser les cannibales. Pour
écouter et nous mettre en garde, nous étions tous sortis des maisons, armés, debout, silencieux.

A cette heure même, notre commandant Cathelineau, en conférence avec les généraux, demandait la faveur de nous faire charger
à la bayonnette, assurant que nous reprendrions la ville. La partie
semblant perdue, on refusa, et nous abandonnions le faubourg pour
regagner nos granges de Chambon.

Je m'en voudrais de n'être pas sincère en passant sous silence un incident qui pourra surprendre bien des lecteurs. Après de telles scènes, nous marchions plutôt gais qu'attristés et plus d'une plaisanterie fut échangée sur la route. Les fortes émotions amènent ainsi une brusque détente. C'est peut-être mon dernier jour, s'était-on dit en s'éveillant ; épargné, le soir, on reprend possession de la vie avec un plaisir égoïste, qui peut se traduire même en éclats bruyants. J'ai vu tant de soldats, de tous les caractères, dont ni le courage, ni le dévouement, ni la pitié n'étaient suspects, exprimer ces sentiments d'une joie déplacée, qu'il faut en vérité leur chercher une excuse dans le fond même de la nature humaine.

. Quelques jours après le combat de Beaune, le bruit courait dans le pays que les Prussiens, en reprenant possession de la maison que nous avions occupée, furieux de ne pas retrouver leur soupe, avaient massacré ses hôtes : un vieillard et deux femmes. Il ne m'a pas été possible de vérifier l'exactitude de ce fait monstrueux, qui offrirait des analogies avec les atrocités commises dans plus d'une circonstance, notamment à Baseilles.

Je passe en courant, d'un bout de la campagne à l'autre, avec toute la fantaisie d'un impressionniste que ni le temps ni la distance n'arrêtent.

La bataille du Mans a duré plusieurs jours. Pour la bien voir, pour y prendre une part active, les compagnies de Cathelineau se sont trouvées dans des conditions exceptionnelles. De l'extrême avant-garde, à dix lieues en avant des régiments de ligne, elles s'étaient rabattues, par ordre, sur le centre, après avoir supporté les premières décharges. Les jours suivants, elles opéraient des reconnaissances périlleuses ; enfin elles ont fourni quelque temps l'arrière-garde, pour couvrir la retraite devenue générale : encore un poste d'honneur. Eh bien ! mêlés à tous ces mouvements d'une grande armée, sans cesse exposés, nous n'avons rien pu démêler de l'ensemble des opérations. On entendait le canon sur les points les plus divers ; c'était assez pour évaluer à combien de kilomètres un engagement plus vif avait lieu à droite ou à gauche, rien de plus. L'action était-elle plus rapprochée, les détails nous échappaient encore. Ainsi, près de Montfort, que nous occupions, une fusillade continue, pendant une heure, avait causé une prise d'armes, sans que nous ayons pu apercevoir un uniforme français ou prussien. Nous devions appendre seulement que cette lutte, un simple épisode, avait été soutenue à l'abri d'un talus de chemin de fer, causant d'ailleurs plus de bruit que de mal.

Les reconnaissances nous ont mis en présence de l'ennemi, mais tout-à-fait à l'aventure. Nous nous étions divisés, pour explorer à fond les environs du village de Fatines. C'était le soir du troisième jour. Le gros de nos forces fut vite en contact, combattit et garda ses positions. De mon côté, nous étions une centaine chargés de suivre de vieux chemins encaisssés, dans une région parsemée de petits bois et coupée par des haies plantées sur des levées de terre. En avant de nous, deux cuirassiers servant d'éclaireurs venaient d'être surpris et faits prisonniers. Tandis qu'un paysan effaré nous faisait ce rapport, trois uhlans, comme pour nous servir de cible, arrivèrent bravement, à cent pas, et se replièrent au premier coup de fusil ; ils avaient eu le temps de nous compter. Evidemment l'infanterie n'était pas loin. Une batterie prusienne, visible à quinze cents mètres, attendait pour tirer ; notre petit nombre était une sauvegarde. Entre nous et ces canons braqués, qui faisaient de grosses taches noires sur un monticule couvert de neige, des bas-fonds couverts auraient pu cacher toute une armée. Des deux parts, on devait franchir à tâtons les cases de ce dangereux échiquier ; on entendait quelques bruits éloignés, comme des galops de chevaux. Nous fîmes halte pour observer. Un groupe de cavaliers passant entre deux bois à cinq cents mètres, nos chefs commandèrent de mettre les hausses à ce chiffre et, dispersés en tirailleurs, agenouillés, nous commencions à brûler vivement nos cartouches, lorsque, d'un point tout opposé et beaucoup plus près de nous, des feux intermittents nous répondirent. Quelques balles frappaient de coup secs les arbres qui nous servaient d'abris ; d'où venaient-elles ? Un peu de fumée, flottant au-dessus d'un massif boisé, trahissait à peine les positions d'un ennemi invisible, dont les forces ne pouvaient être appréciées. Quelques-uns d'entre nous visaient ce point, à tout hasard.

Tout à coup, les projectiles, cessèrent de siffler. Sur la surface découverte d'une prairie, quelques centaines d'hommes apparurent, courant vers nous, le fusil sur l'épaule aux cris de « France ! Amis ! Mobiles ! Tirez pas. » Un ordre du commandant : « Cessez le feu ! » fût obéi quelques secondes. Alors deux minutes environ se passèrent dans une angoisse indicible, qui faisait bouillonner le sang au cœur et sous les tempes. Tandis que l'indécision rendait nos chefs muets, vingt exclamations diverses partaient de nos rangs : « Des Français! J'en ai vu tomber. Quel malheur ! Ne tirez pas, pour Dieu ! Tirez ! Ce sont des Prussiens. Ils ont des casques. Feu ! Feu ! Tirez donc ou nous sommes perdus ! » Quelques-uns tiraient. Au travers des lignes serrées où portaient leurs balles, on voyait des hommes tournoyer sur eux-mêmes et tomber. A peine ébranlée, cette masse noire avançait toujours, sans riposter et toujours criant « France ! Mobiles ! » Dans le doute, j'avais cessé de faire feu. Debout, pour mieux observer moi-même, j'attendais de voir finir une horrible méprise ou se démasquer une ruse qui me semblait indigne de vrais soldats.

L'issue fut prompte. A moins de cent mètres , par un rapide mouvement les compagnies prussiennes s'éparpillèrent en éventail et concentrèrent sur nos lignes leurs feux de peloton. La précision de cette manœuvre fut admirable. Ils marchaient toujours, rechargeant leurs armes. « Bayonnette au canon ! » s'écria un de nos capitaines. A peine avait-il dit que, sur notre gauche et presque en arrière , des décharges imprévues nous prirent en écharpe. Nous allions être cernés. Le signal de la retraite ébranla nos deux compagnies.

Voilà pourtant comment on risque de recevoir une balle dans le dos. J'estime qu'en pareil cas cet accident n'aurait rien de déshonorant pour un éclaireur. Des trouées marquaient dans la neige le chemin suivi par les projectiles qui frappaient à nos pieds, et des sifflements continus nous enveloppaient à hauteur d'homme. Sans les abris que nous trouvions bien vite en longeant ou franchissant les haies, nous eussions été décimés. Ce sauve-qui-peut, à toutes jambes, s'opéra pourtant sans désordre, car, en moins d'une demie heure , nous étions, tous, quatre exceptés, groupés autour de nos chefs au campement de Fatines. Qu'étaient-ils devenus les manquants ? Nous avons su plus tard que se croyant perdus, en essayant de fuir sous une fusillade à bout portant, ils avaient brûlé une dernière cartouche et attendu, couchés au revers d'une haie. Exaspérés par les pertes qu'ils venaient d'éprouver en chargeant une poignée d'hommes, les Prussiens hésitèrent à les traiter en prisonniers. « Francs tireurs ! *capout* ! » Ces cris de mort remplaçaient dans leurs bouches les cris « France ! amis ! mobiles ! » qui nous avaient à demi paralysés. Alors , N..., un des quatre , ce vieux soldat dont j'ai esquissé le portrait peu flatté, N..., qui comprenait et parlait l'allemand, eut cette brève éloquence que peuvent comporter les plaidoiries *in extremis* en dix mots : « Soldats de Cathelineau ! Vrais soldats ! Vendéens ! Epargnez ! » Tandis qu'il jetait ses phrases au milieu de gestes désespérés, un officier supérieur intervint. Nos compagnons étaient sauvés. C'est de l'un deux, assez heureux pour s'évader pendant l'armistice, que nous tenons cet épisode.

Notre costume qui différait en tout de celui des réguliers, pouvait nous perdre en cas de surprise. C'est de quoi nous étions avertis. Les Prussiens n'ont pas toujours reconnu comme belligérants des corps francs, cependant autorisés, équipés, soldés, employés par nos ministres et par nos généraux. Un lieutenant de francs-tireurs des Vosges qui nous avait rejoints, un capitaine de francs-tireurs parisiens m'ont rapporté que quelques-uns de leurs hommes faits prisonniers, avaient été les uns fusillés, les autres pendus. De la part d'un ennemi qui a tiré sur des ambulances, massacré des paysans, brûlé des fermes, on pouvait s'attendre à tout.

Cependant ni toute une armée, ni ses chefs ne sauraient être rendus responsables des faits particuliers, souvent atroces, qui se produisent dans les mêlées. Une lutte corps à corps entraîne souvent des actes de sauvagerie qui bénéficient de l'impunité. Soyons équitables. On peut citer aussi à la décharge de nos vainqueurs quelques traits de générosité. Par exemple, un de nos espions qui, pour tout observer, trafiquait du bétail dans un campement prussien, ayant été soupçonné, fut saisi et conduit auprès d'un officier. Dès le premier mot de l'interrogatoire, soulevant sa blouse de faux paysan, il laissa voir le veston bleu, la ceinture bleue qui distinguaient notre uniforme ; puis il déclara courageusement qu'il était bien soldat, du corps de Cathelineau, et qu'il faisait son devoir d'éclaireur.

Les lois de la guerre admettent qu'un espion peut être passé par les armes.

L'officier entra en conférence avec ses supérieurs. Déjà notre ami se préparait à mourir en soldat, lorsqu'on lui signifia simplement de quitter la place au plus vite et de ne pas se laisser surprendre une seconde fois. Le brave Lecor ne tarda pas huit jours à se remettre en campagne.

Après deux batailles, nous devions malheureusement assister à deux retraites. Je reprends dans l'ordre ma déposition de témoin.

La tentative faite sur Beaune-la-Rolande n'avait rien compromis. Le lendemain du combat, l'armée de la Loire occupait les mêmes positions que la veille ; rien n'empêchait de reprendre l'offensive.

Six jours après, nous recevions l'ordre de marcher en avant. Notre commandant Cathelineau était averti qu'il ne s'agissait de rien moins que de se rapprocher de Paris, en suivant les régions boisées de Montargis et de Fontainebleau. Ce fut une longue étape d'Ingrannes, notre point de départ, jusques à Bellegarde, où on nous laissa le temps de déjeuner et de nous reposer. L'aspect de cette ville était lugubre : de nombreux contrevents étaient fermés ; des drapeaux blancs à la croix rouge, arborés à toutes les maisons, annonçaient la présence des blessés. Bellegarde n'était qu'une vaste ambulance. J'entrai dans l'église, où s'alignaient une cinquantaine de lits, occupés par des malheureux couverts de bandages. Leurs visages pâles me causèrent moins de surprise que leur abattement et leur profond silence. Sans doute, la fièvre éteint la douleur, car il me semblait que tant de plaies saignantes devaient arracher quelques plaintes. Un aussi triste spectacle m'eût fait défaillir et j'avais hâte de rejoindre mes amis déjà installés dans la boutique d'un pauvre petit marchand. Tandis qu'affamés, nous dévorions les maigres provisions achetées dans la ville, cet homme nous parlait aussi de son blessé, un hussard, qui avait été victime d'une erreur. Des mobiles, le prenant pour un Prussien, avaient tiré sur lui ; il ne devait pas, au dire du chirurgien, survivre à une fracture de l'épine dorsale. « Pauvre jeune homme ! murmurait notre hôte avec une pitié profonde, il répète toujours : mourir, je pouvais m'y attendre ; mais quand ma mère saura que ç'a été par une balle française ! »

Quelques-uns des récits qui précèdent et bien d'autres faits que je pourrais citer : des coups de fusil tirés par nos éclaireurs sur des francs-tireurs parisiens, des Bavarois épargnés parce qu'on ne connaissait pas leur uniforme, etc., prouvent combien les méprises ont été communes dans cette guerre. La cause en est attribuable à l'inutile diversité de nos costumes. Si l'on n'y met ordre, des accidents aussi déplorables se reproduiront de même en très grand nombre dans les guerres futures. Un seul moyen serait efficace pour les éviter ou du moins pour en réduire le nombre : qu'une pièce apparente du costume militaire soit imposée à tous les soldats, cavaliers et fantassins, sans exception, le pantalon rouge, par exemple, ou ce qui vaudrait mieux encore, une bande d'étoffe claire appliquée à toutes les coiffures, un signe enfin, n'importe lequel, qui, à mille mètres comme à cent, dise « France » à tous et pour tous. Nos soldats, qui le porteront tête haute, ne crieront jamais « Prusse ! » pour tromper l'ennemi.

Changer des formes de brodequins, de tuniques et de képis, supprimer ou rétablir les guêtres ou les tambours, chercher les meilleures conditions pour faciliter la marche pour dégager les mouvements, pour mettre le soldat à l'abri du froid et du chaud, pour assurer le ralliement, c'est fort bien ; mais je doute qu'en raison des conditions si nouvelles encore du tir à longue portée, on ait songé suffisamment à protéger les Français contre les Français et, tout ensemble, à discerner à coup sûr l'ennemi. Une méprise peut causer de bien vifs regrets, mais il suffit aussi d'une hésitation dans un moment critique pour faire tourner à mal un engagement.

Voilà une bien longue digression. Le carnet d'un simple soldat aurait-il caché dans ses feuillets un mémoire sur les réformes? Nullement: ce que j'ai vu, je le crayonne; ce que j'ai senti, je l'exprime, sans viser plus haut, et je continue mon histoire.

A la suite d'un appel subit, nous quittions Bellegarde pour reprendre, en sens inverse, la même route que le matin. Ceci nous paraissait étrange. On n'entendait pas le canon. Les cavaliers, avant-garde obligée des Prussiens, n'apparaissaient nulle part. A Ingrannes, quelques heures de repos, et le réveil à minuit. On s'engagea dans la forêt, en gagnant le sud. La discrétion de nos officiers devenait inquiétante. Nous marchions, vers quel but ignoré, vers quel hameau perdu dans ces grandes solitudes des taillis et des futaies? Peu à peu, la fatigue nous gagnait, redoublée par la faim et le sommeil.

Il fallut faire des haltes de trois à cinq minutes debout. Défense de fumer; la lueur d'une allumette pouvait donc nous mettre en péril. Les bidons de fer blanc, heurtant les crosses de fusil ou les poignées de bayonnettes, font un cliquetis qui s'entend de fort loin, mais dont on a peu de souci pour l'ordinaire. On nous recommandait d'éviter les moindres bruits, et nous portions nos armes avec des précautions inusitées. A peine osait-on échanger à voix basse ses pensées, ses craintes plutôt, avec son compagnon le plus proche. Sur les routes et les chemins durcis par une forte gelée, se marquait par de légers craquements la cadence de notre marche un peu lourde, mais régulière. En arrière, nos chariots roulaient avec un bruit sourd. A droite et gauche du chemin, les chênes formaient à leurs pieds des ombres fondues dans une ligne noire assez proche, tandis que leurs branches, dépouillées de feuilles, croisaient dans un ciel clair leurs trames grises.

A tous les pas, on pouvait craindre une embuscade, quelque surprise. Des cavaliers avaient traversé furtivement notre route et sans crier : Qui vive! avaient évité notre avant-garde, en prenant des sentiers de traverse. Un peu plus loin des feux de bivouac, en très grand nombre s'éteignaient, jetant quelques lueurs dans les taillis : France ou Prusse? Notre silence semblait devenir plus grand, et notre marche plus légère, ne cessait pas d'être rapide.

Avant que le jour parût, nous étions sur les bords de la Loire, à Châteauneuf, ayant le triste spectacle d'une armée en retraite, dans une confusion inexprimable. Cette déroute sans bataille, c'était à n'y rien comprendre. En réalité, tandis que la veille nous marchions en avant, l'armée reculait déjà, après avoir été coupée en deux par le prince Frédéric-Charles, qui s'était lancé hardiment en pleine forêt. Nous avions dû franchir les lignes prussiennes et regagner l'avance perdue, le tout, avec un bonheur qui avait justifié l'audace de nos chefs. Toutefois la sécurité n'était pas assurée; bien des fatigues encore nous restaient à supporter. Le pont sur le fleuve étant rompu, une sorte de bac improvisé nous permit de tenter le passage. Dans le pêle-mêle, le fourmillement d'hommes de toutes armes, qui encombraient la rive droite, nous avions vu reluire les canons d'une batterie bientôt perdue pour notre armée. Aucun ordre n'était donné pour essayer la résistance, aucun point de ralliement connu. En nous éloignant sans repos sur la rive gauche, nous entendions déjà le canon, la fusillade, tant les Prussiens nous serraient de près. Le soir nous arrivions à Vouzon, après avoir franchi près de cent trente kilomètres en deux jours.

Cependant nous étions chargés de tous nos équipements, nos repas étaient sommaires et notre sommeil insuffisant. J'ai vu, réellement vu, quelques-uns de mes compagnons dormir debout, en suivant la marche. La résistance à la fatigue fut vraiment extraordinaire : sur seize cents hommes, la plupart fort jeunes, qui étaient placés sous les ordres de Cathelineau, trois seulement étaient restés sur la route à bout de forces. L'un d'eux, après avoir déposé ses armes sur les fourgons, s'était réfugié dans une ferme, laissant passer l'ennemi, à la faveur d'un travestissement. C'était M. de B..., le même auquel nous avions décerné d'abord la médaille militaire, un vieillard de 70 ans. Quel admirable exemple il nous avait donné, marchant toujours avec nos compagnies ! Après avoir suivi pendant plus de cent kilomètres, il avait dû s'arrêter. Depuis la guerre, le hasard a mis son nom sous nos yeux dans les journaux qui annonçaient sa mort. Il avait, paraît-il, passé dans un couvent ses dernières années.

Des étapes militaires de soixante-cinq kilomètres par jour, faites coup sur coup, ne sont possibles qu'à la suite d'un entraînement exceptionnel. Nos reconnaissances quotidiennes n'étant qu'une série de marches forcées, nous étions devenus capables d'accomplir, à un moment donné, ce prodigieux effort, qui nous ayant sauvés, pourrait aussi permettre une vigoureuse offensive, et assurer la victoire dans une campagne moins chargée de désastres.

Il est beau, sans doute, de voir manœuvrer des troupes régulièrement à la parade ; on triomphe trop facilement des revues correctes. A la guerre, il faut autre chose que des *tête droite! Par file à gauche, demi-tour en mettant le talon à la hauteur*, etc. De tout le mécanisme de l'instruction théorique, il ne reste que peu de chose, une précision relative dans les mouvements et la connaissance exacte des signaux que donnent le sifflet ou le clairon. Un de nos généraux les plus en vue résume, dit-on, d'une façon brève, l'instruction la plus utile à la guerre : « Obéissez, marchez, tirez ! » Il faut certainement attendre beaucoup de bons marcheurs et de bons tireurs. Ce sont des soldats éprouvés, qu'on a dans la main, qui sentent leur force et dont les balles comptent double.

La dernière qualité, celle de tireur, nous manquait, non la première. La plupart d'entre nous n'avaient pas eu l'occasion d'essayer leur fusil à la cible, car, en ce temps là, on regardait à l'économie d'une cartouche. L'habitude du maniement des armes que donne le goût de la chasse suppléait pour quelques-uns au défaut d'exercices.

Il serait fastidieux d'entrer dans le détail des étapes redoublées qui finirent par nous dégager entièrement.[1] Jusques au delà de Bracieux,

---

[1] Quatre cents kilomètres en huit jours, tel est le chiffre donné par Cathelineau, t. I, titre.

nous avions seulement quelques kilomètres d'avance sur les Prussiens ; souvent même il fallait éviter l'ennemi en prenant des chemins de traverse. Nos compagnies étaient loin de soupçonner le danger. A Bracieux, quelques-uns de mes amis et moi, avions demandé l'autorisation d'aller visiter le château de Chambord, qui n'est pas fort éloigné. On nous avait répondu que ce serait peut-être possible le lendemain. Pour me préparer à cette course supplémentaire en dormant d'un bon sommeil, j'avais prié un de mes compagnons de faire à ma place le service de grand-garde. Dans nos postes avancés, la nuit se passa sur le Qui vive ! Quel regret j'aurais eu, si quelque malheur était arrivé à mon remplaçant ! A l'heure même où nous comptions partir en touristes pour Chambord, les Prussiens s'emparaient de ce château, et de nouveaux fuyards nous rejoignaient sur les routes, effarés, quelques-uns ayant abandonné leurs armes.

Au milieu de ces débandades successives, notre corps n'avait pas été entamé et notre commandant Cathelineau sollicitait des ordres sans en recevoir. Après un repos d'une semaine, à Châteauneuf-sur-Cher, nous paraissions destinés à rejoindre l'armée de l'Est ; les officiers supérieurs décidèrent que nous irions occuper les avant-postes de l'armée du Mans.

Notre voyage de Chateauroux au Mans n'est plus un épisode de retraite. Il s'accomplit en chemin de fer et n'en fut pas moins une des plus rudes épreuves de la campagne. Il dura trois jours. Les voies ferrées, encombrées de matériel, n'étaient dégagées qu'au prix de lentes manœuvres. Notre train, qui, naturellement, ne faisait partie d'aucun service régulier, restait fréquemment en détresse ou marchait à rivaliser avec le pas modéré d'un piéton. A ce moment, l'hiver était dur. Nous remplissions des vagons de troisième, et l'haleine confondue de cinquante hommes se résolvait en glace sur les vitres des portières. Aucun de nous n'ayant pu changer d'effets ni coucher dans un lit depuis deux mois, nous étions véritablement sordides ; nos rations de vivres étaient à peine suffisantes. Et, malgré tout, malgré les revers, en dépit des souffrances, un reste de bonne humeur nous soutenait. Dormir, jouer aux cartes, chanter, et, — que les hommes graves nous pardonnent — faire des calembourgs ou des charades : tout fut mis en œuvre pour tuer le temps. J'ai surpris des légitimistes chantant *la Marseillaise* ; il fallait bien s'échauffer. Un refrain des canotiers de la Seine, vite appris et répété, eut un grand succès; malgré la faiblesse de la rime.

> Tous chicards, tous flambards,
> Les canotiers de la Seine
> Sont bien vus, bien reçus
> Et partout font du chahut.
> U! U! U! U!

Parfois je balançais avec mon caporal, un joyeux basochien du pays de Rabelais, les chances du piquet et de l'écarté. Une halte à Chollet, où l'on s'abreuva de vin chaud, nous ranima.

Si triste, si lent, si douloureux que soit un voyage, on arrive toujours. Une demi journée de repos à Angers, autant au Mans, et, pareils au Juif-errant, nous reprenions nos éternelles marches.

Nouvelle retraite après la bataille du Mans, retraite cette fois désespérée. Chacun de nous pressentait la reddition de Paris et l'inutilité des derniers efforts.

Nos compagnies, en bon ordre, avaient quitté les dernières le champ de bataille. Mais que pouvions-nous? et autour de nous quel spectacle! Il fallait bien cependant dépasser la masse nombreuse des traînards. Pour éviter l'encombrement des routes, nous suivions de préférence des chemins de traverse, des sentiers même, des portions de voies ferrées. Partout où pouvaient circuler les voitures, une file d'attelages continue se déroulait à pas lents. La tête de ces convois était bien loin peut-être lorsque, à l'arrière, les Prussiens procédaient au pillage. Des deux côtés des routes, dont le centre était occupé par les attelages, marchaient confondus fantassins et cavaliers de toutes armes. Le canon prussien pressait encore ce troupeau, dans lequel se produisaient de grandes houles. Sur la neige, foulée aux pieds et salie, apparaissaient parfois quelques taches d'un rouge vif. Ni les blessés qui saignaient encore, ni les malades, ni ceux que la fatigue accablait ne pouvaient toujours trouver place sur les voitures surchargées. Qui savait où rejoindre une ambulance? Le bruit courait que les Prussiens, dédaignant de faire des prisonniers, se contentaient de désarmer les traînards, que des groupes entiers de soldats se rendaient en voyant apparaître quelques cavaliers. Mais nous avions aussi rencontré des braves. Je citerai entre autres quelques compagnies de marins, campées au milieu d'une plantation de peupliers; on les avait oubliées là. Devant eux avait passé toute l'armée en retraite, mais, n'ayant pas d'ordres, ils attendaient, gardant fidèlement leur poste. Ils s'étaient déjà battus et l'on voyait, près de leurs feux de bivouac, deux fourgons pleins de morts qu'ils n'avaient pas eu le temps d'enterrer. Ceux-ci dormaient leur dernier sommeil sous des couvertures de laine souillées de poussière que leurs membres rigides soulevaient. Tout à côté, leurs compagnons se préparaient à les venger, à mourir comme eux peut-être. Nous avons appris que leur résistance avait été héroïque. Ces compagnies ne s'étaient repliées qu'après avoir subi le choc de forces supérieures, respecté la discipline, fait tout leur devoir.

Quand la poursuite des Prussiens devint moins acharnée, Cathelineau fit tous ses efforts pour nous dégager du pêle-mêle de l'arrière-garde. Il y réussit, au prix de marches forcées. C'est à Château-Gontier seulement qu'il devait s'arrêter, avec la mission d'organiser la défense de l'Ouest. Avant d'atteindre la ville de Fougères, exténué par une bronchite aiguë accompagnée de fièvre, je me sentis à bout de forces. Un de mes compagnons de l'escouade constatait, en même temps que moi, qu'il ne pouvait faire un pas de plus. Tous deux, assis sur un tas de pierre, nous regardions si parmi nos fourgons se trouveraient deux places. Durant toute la campagne, ces charrettes avaient rendu les plus grands services aux malades, aux éclopés que paralysaient surtout les écorchures au pied. C'était la première fois que je cherchais ce secours et il semblait qu'il dût manquer. Cependant un conducteur énergique força des hommes déjà entassés les uns sur les autres à nous laisser monter. Le lendemain, mêmes fatigues et pas de place. Je louai à prix d'or une voiture particulière pour rejoindre encore les compagnies. Mais les étapes se succédaient et je ne pouvais plus suivre. A Vitré, un médecin militaire me donna un laisser-passer pour Rennes, où je devais trouver les soins les plus dévoués chez des parents et des amis. C'était quelques jours avant l'armistice.

En janvier 1871, la ville de Rennes offrait des aspects inusités de caserne et d'ambulance. Quatre mois auparavant j'avais vu Tours fourmillant de soldats alertes, portant le front haut, tant ils espéraient malgré les revers. Une certaine coquetterie, de tradition bien française, se faisait sentir sous les galons neufs, sous les uniformes variés et pittoresques. On organisait l'armée de la Loire, et Tours, devenue la capitale militaire, presque aux avant-postes, était bruyante, enfiévrée d'une fièvre généreuse.

En Bretagne, c'était l'agonie. Le ciel, conspirant toujours dans ce fatal hiver, semblait souillé de neiges et de brumes. Il fallait ce cadre au tableau de la défaite. A Rennes, nulle diversion pour relever les courages. La foule emplissait les rues, lente et silencieuse. Parfois cependant des Bretons nouvellement enrôlés passaient en bandes, les coudes serrés aux coudes, marchant vite et chantant quelques refrains monotones. Je les voyais de ma fenêtre, ou de mon lit j'entendais leurs voix et leurs pas sonores. Un bruit plus continu déchirait les airs. C'est un usage, à Rennes, de sonner beaucoup pour les morts, et combien de soldats mouraient !

Les fatigues et les privations de la campagne, la rigueur de l'hiver avaient développé des maladies qui, bénignes dans les circonstances ordinaires, défiaient alors la science impuissante des médecins : les bronchites tournaient à la phtysie, les rhumatismes frappaient au cœur, et c'est pourquoi les cloches de Rennes sonnaient toujours.

Une irritation nerveuse me tourmentait dans ma convalescence. C'était peu d'être rassuré sur mon état, après quelques jours d'un traitement énergique ; l'inaction succédant aux marches forcées, les souvenirs de la retraite qui me hantaient comme un cauchemar ; un désespoir qui s'étendait à l'avenir même jugé perdu : tout contribuait à m'ébranler. Je tentais de faire diversion par des lectures, et je choisis d'abord inconsciemment un livre qui m'avait charmé dans sa première nouveauté, un chef-d'œuvre, *Mireille*.

Le nombre des années que j'ai vécu serait doublé — cela ferait un grand âge — qu'aux derniers jours de ma vieillesse j'aurais encore le souvenir poignant de cette seconde lecture.

Elle est si belle la Provence du poète ! Les campagnes y rayonnent et les hommes y vivent heureux dans une paix féconde. Les micocouliers y verdissent, projetant de grands ombrages et les oliviers, plus pâles sous un ardent soleil, s'égayent, aux jours de la cueillette, du sourire des jeunes filles. Partout la vie déborde à flots et les chansons des amoureux redisent l'écho des joies que Dieu donne à ses créatures.

Tout cela n'est qu'un rêve sans doute ? Quel est donc ce pays ?

Ecoutez ! Les cloches de Rennes sonnent toujours, Pleurez Mireilles !

On n'a pas impunément vingt ans ou vingt-cinq ans. Dans les confidences que justifiait notre franche camaraderie, combien de mes compagnons m'avaient simplement dit leur histoire, celle de tout le monde. L'un d'eux nous avait rejoint après le siège de Strasbourg. Pressentant que l'Alsace serait sacrifiée, il venait de quitter son pays, sans espoir de retour, y laissant une jeune fille avec laquelle il avait échangé des promesses. Pas de nouvelles ! Qu'était-elle devenue ? La reverrait-il jamais ? — Il était malade lui-même, et tant de douleurs l'accablaient.

Un autre, pendant la bataille du Mans, traversant une rivière couverte d'une couche de glace trop faible, avait plongé dans l'eau jusqu'aux épaules. Nul foyer pour se réchauffer. Il fallait bien marcher, rester dans les rangs. Après une heure, il me dit tout bas : « Je suis perdu. » Et peu de temps après, je devais apprendre sa mort. Il était du pays, qu'arrose, en faisant mille détours, le ruisseau de *l'Astrée*. Sa mère devait l'attendre en vain.

Il n'y avait pas huit jours qu'un de nos éclaireurs, plongé dans une douleur profonde, m'avait fait ce récit navrant: « La bataille du Mans sera la dernière. J'ai payé ma dette au pays et maintenant il m'est permis de songer un peu à ma famille. Mon frère a été tué à Sédan, laissant trois enfants, dont je suis le tuteur. Moi aussi j'ai des enfants. Puis-je espérer de me remettre pour soutenir ce cher petit monde ? Je crache le sang depuis trois semaines et cela ne peut durer. Pourtant je ne voudrais pas mourir. »

Ceux-ci vivaient et pouvaient espérer encore, mais combien d'autres laissés sur la route !

Les cloches de Rennes sonnant pour tant d'inconnus me rappelaient tous ceux que j'ai vu mourir.

Je n'écris pas cette page après tant d'années, sans ressentir le contre-coup du violent contraste qui m'apparut alors entre deux mondes étrangers et dissemblables, celui de la réalité, en ce moment noir de misères, et celui de la fantaisie évoquée en des jours heureux par l'âme exquise d'un poète.

Toutes les guerres se ressemblent par plus d'un côté, et je savais maintenant ce que sont les guerres. Tourmenté par cette vision, j'abandonnai la lecture de *Mireille*, et, remontànt jusque dans le passé, je voulus juger en conscience tant d'hommes dont nos mémoires ont conservé fidèlement les noms, uniquement parce qu'ils ont fait la guerre. Le succès les absout et nul ne s'enquiert de la justice de leur cause. Notre enseignement se ressent de singulières faiblesses. Il est trop vrai qu'il ne s'est pas encore rencontré parmi les historiens célèbres un sage assez sûr de lui-même pour instruire les grands procès des nations ou des rois, assez autorisé pour rendre dès arrêts décisifs et marquer à jamais au fer rouge — vaincus ou victorieux, étrangers ou compatriotes, — les auteurs des guerres injustes.

Si jamais on écrit pareille histoire, c'est celle qu'il faudra faire apprendre.

Dans la conférence qui suivit la capitulation de Sédan, le premier mot de Bismarck au général de Wimpfen fut celui-ci : « Depuis deux siècles, vous nous avez fait trente fois la guerre. »

Restent à discuter nos raisons ; mais enfin de tels souvenirs appellent des guerres nouvelles, des revanches. N'y a-t-il pas de justes causes pour rompre des traités imposés par la force, et la guerre de mil huit cent soixante-dix elle-même sera-t-elle la dernière? Je ne vois pas en tout cela ce que devient la civilisation, mais je sais que notre devoir est d'être armés.

J'arrive aux dernières pages de mon carnet de franc-tireur.

A peine avais-je repris quelques forces que je m'empressai de rejoindre nos troupes à Château-Gontier. Cependant, notre major, ayant constaté ma faiblesse, me fit dispenser des exercices que l'on faisait chaque jour pour tenir les compagnies en haleine. Parfois Cathelineau, groupant autour de lui ses volontaires, cherchait par des discours à entretenir et animer les courages. Charette, plus au Nord, avait aussi reçu un grand commandement. La résistance était fortement organisée dans l'Ouest et tout était prêt pour reprendre la lutte après l'expiration de l'armistice. Le général Chanzy croyait encore la guerre possible.

Voici donc quel concours trouvait pour un dernier effort ce gouvernement de la Défense Nationale auquel des plumes française on<sub>t</sub> cependant prodigué l'injure.

Le sentiment de l'honneur national ne se discute pas. Il domine de si haut les petites rivalités, qu'il avait largement suffi pour unir dans une même volonté des hommes dont les opinions sont aux deux extrèmes de la politique.

J'ai oublié les souffrances très grandes endurées pendant plus de quatre mois et dont quelques-unes auraient pu être évitées. Tout n'était pas pour le mieux dans notre organisation.

Du moins, je me souviens avec émotion des discours de Cathelineau à Château-Gontier. Simple soldat, je tiens, après bientôt quinze années, à saluer encore mon général, un Français, qui a payé sa dette au pays, et prouvé que lorsque tout est perdu, on peut encore sauver l'honneur.

Agen, Imprimerie V⁰ Lamy.

9 782019 958671